Cristina Marques

Salmo 23
Mensagens do Bom Pastor

SBN
Editora

EDITORA

Rua das Missões, 696
89051-000 - Blumenau - SC

Editoração Eletrônica
Big Print

Texto: Cristina Marques

Revisão: Helena Cristina Lübke

IMPRESSO NA CHINA
www.sbneditora.com.br

Dados Internacionais de Catalogação na Publicação (CIP)
(Câmara Brasileira do Livro, SP, Brasil)

Marques, Cristina
Salmo 23 : mensagens do Bom Pastor / Cristina
Marques. -- Blumenau, SC : SBN Editora, 2009.

ISBN 978-85-61486-61-7

1. Bíblia. A.T. Salmos - Crítica e interpretação
2. Bíblia. A.T. Salmos - Meditações 3. Bíblia. A.T. Salmos -
Teologia 4. Orações I. Título.

09-03999   CDD-223.206

Índices para catálogo sistemático:

1. Salmo 23 : Bíblia : Antigo Testamento : Interpretação e
crítica 223.206
2. Salmo 23 : Bíblia : Antigo Testamento : Meditações 223.206
3. Salmo 23 : Bíblia : Antigo Testamento : Teologia 223.206

Fotografia: capa e im.1: CD Beautiful Scenes (v. 33) DI33/002; im.2: CD Image Pro - Spring (v. 22) IP22-15; im.3: www.stockxpert.com id16780692; im.4: www.dreamstime.com.br 2981770; im.5: CD Image Pro - Spring (v. 26) IP26-16; im.6: www.sxc.hu; im.7: CD Athena 27 - Seasons Ano 27-084; im.8: www.sxc.hu; im.9: CD Athena 27 - Seasons Ano 27-074; im.10: www.stockxpert.com id36091091; im.11: www.stockxpert.com id36121731; im.12: www.stockxpert.com id2808148; im.13: www.stockxpert.com id1474421; im.14: www.sxc.hu id687846; im.15: www.stockxpert.com id3207956; im.16: www.sxc.hu id355929; im.17: CD Image Dictionary (v. 74) DI74-031; im.18: www.sxc.hu id402640; im.19: CD Image Dictionary (v. 33) DI33-024

Cristina Marques

Salmo 23

Mensagens do Bom Pastor

Palavra da autora

A obra que está em suas mãos é muito especial.

Por ser o Salmo 23 uma passagem bíblica preciosa ao coração, cujos versículos aprendemos desde criança, extrair de cada passagem o seu significado foi como vasculhar nas profundezas da alma do salmista o real sentido do seu relacionamento com Deus.

Foi tão grande a imensidão da graça e do amor que vislumbrei nestas revelações que meu coração se encheu de admiração e fervor.

A simplicidade e a sabedoria de Davi, bem como a intensidade da sua adoração, são fundamentais hoje para compreendermos a natureza da comunhão que Deus nos oferece.

Esta missão foi maravilhosa e nesta jornada não estive sozinha, pude contar com a companhia e o apoio de pessoas importantes as quais devo minha gratidão e reconhecimento.

Minha família que representa o esteio forte e firme que me faz feliz e os profissionais da SBN Editora que de forma direta ou indireta com dedicação, esforço e carinho partilham comigo desta conquista de traduzir em imagens e palavras os momentos inesquecíveis que Davi viveu.

E, finalmente, a você que, ao ler este livro, está me dando a oportunidade de falar ao seu coração de como é bom estar nos braços do Bom Pastor e desfrutar de Seus cuidados.

Por esta razão, eu lhe peço: aquiete o seu coração, silencie sua alma e deixe-se levar pelas mãos Dele.

Prepare-se para viver a maravilhosa oportunidade de estar na presença do Pai Celestial e ouvir ecoar no seu interior a Sua Voz de Amor.

Curiosidades do Salmo 23

Vamos apresentar algumas curiosidades da vida dos pastores e suas ovelhas que persistem até os dias de hoje entre beduínos e pastores da Palestina.

Quando conhecemos o relacionamento entre pastor e ovelha o Salmo 23 se torna mais interessante e o seu significado se reveste de maior profundidade.

Levar ovelhas para se alimentar e beber água em um região desértica requer muito conhecimento.

Poucos são os oásis onde se concentram pasto e água em abundância. Entre o curral das ovelhas e esse oásis existe uma jornada de horas pelo deserto.

O pastor então deve sair com seu rebanho de madrugada para evitar uma caminhada debaixo do céu escaldante e retornar com suas ovelhas antes que o vento frio da noite castigue-as.

Essa viagem era feita diariamente e durava horas, ou seja, a vida do pastor se resume nesta rotina diária para tornar seu rebanho saudável.

O relacionamento de um pastor com suas ovelhas é de um apego interessante, as ovelhas não aceitam outro pastor a não ser o que elas conhecem. Caso ele se ausente, elas ficam deprimidas e não seguem ou se alimentam com outro.

Por ser a ovelha um animal indefeso, não possuem garras nem dentes afiados, são medrosas ao extremo.

Elas têm medo até de seu reflexo na água, não se aproximam de águas com correnteza, preferem morrer de sede.

Nesta hora o pastor precisa conduzi-las para águas tranquilas,se possível até apanhar a água com as próprias mãos e aproximar da ovelha para que ela beba e sinta que é água boa e fresca.

Uma ovelha em idade adulta pesa em torno de 50 quilos e sua lã entre 4 a 12 quilos quando tosquiada, portanto, não tem velocidade para correr de um predador, sua segurança está nas mãos de seu pastor.

Quando o salmista fala do " vale da sombra da morte" em seu salmo, ele cita os caminhos que por vezes os pastores precisam levar suas ovelhas na volta para casa.

Por serem íngremes, estreitos e escorregadios, normalmente entre rochas de todos os tamanhos e por vezes pontudas, se tornam caminhos perigosos.

Eles oferecem riscos desde ataques de predadores até mesmo uma queda que pode ser fatal.

Como os pastores fazem para transportar suas ovelhas por estes caminhos?

O pastor possui uma técnica para ensinar suas ovelhas a segui-lo: ele canta e as ovelhas, ouvindo a sua voz ou algum som de algum instrumento que ele fez conhecido para elas, se acalmam e, em fila indiana, seguem o seu pastor pelo caminho.

Jesus usou esta figura para falar
"que as suas ovelhas reconhecem a sua voz".
João 10:27

O cajado do pastor é um instrumento muito curioso, ele tem três funções:

Como vara ele é utilizado pelo pastor para bater na ovelha que se desviou do rebanho para que volte para junto das outras.

Como sua ponta tem um formato de gancho, serve para apanhar a ovelha que caiu em um buraco ou barranco que a distância é maior do que o alcance do seu braço.

E, por vezes, um encaixe na ponta do cajado possui uma lâmina que torna o cajado uma lança para que o pastor possa defender suas ovelhas de um lobo ou outro predador.

Ele também possui a funda com a mesma função de defesa, mas a funda é usada para lançamento de pedras a média distância, o cajado é para curta distância.

Retornando para casa, o pastor serve a última refeição antes das ovelhas se recolherem para o curral e faz a recontagem, ou seja, durante o dia ele faz a contagem das ovelhas e no final do dia a recontagem para ver se nenhuma está faltando.

Como o deserto não tem cercas, é imenso, e as ovelhas facilmente se dispersam ou desviam, e até ficam para trás, mesmo com todo o cuidado, se faz necessário fazer contagem e recontagem até se certificar de que todas estão ali.

Foi este trabalho que inspirou a parábola da ovelha perdida citada por Jesus em Lucas 15:4 a 7.

Para realizar este trabalho todos os dias, com tanta dedicação, é necessário amor pelas ovelhas.

Foi este amor que Davi procurou retratar no Salmo 23.

1 | "O Senhor é meu pastor..."

23:1 primeira parte

Relacionamento Especial

Vivemos uma época interessante, os relacionamentos atuais não são tão duradouros como antigamente.

Muitos relacionamentos são virtuais: namoros, amizades e até de trabalho.

Não existe profundidade nos relacionamentos em virtude da vida agitada que levamos, nossas conversas são rápidas, encontros com amigos ocasionais e dificilmente conhecemos bem as pessoas com quem convivemos.

Quem pode dizer que conhece você realmente? Seus desejos, medos, dúvidas ou sonhos?

Compreender o lado mais obscuro e oculto do nosso ser, guardado a sete chaves?

Respeitar o lado frágil e carente?

Existe alguém em quem você pode depositar toda a confiança.

Ele não só conhece quem você é hoje, como também quem você se tornará amanhã.

Alguém que conhece seus pensamentos, mesmo sem as palavras saírem da sua boca, sonda e conhece o que vai pelo seu coração, reconhecendo cada mudança que ocorre em você: seja de humor ou de hormônios.

Estou falando de um Deus que a cada instante se coloca à disposição e ao seu alcance para ser o ombro amigo, confidente, protetor, provedor, médico, pai e, principalmente, o Salvador de sua vida.

O salmista Davi experimentou este relacionamento único e incomparável.

'O Senhor é seu pastor', sinta de perto a beleza e a bênção deste relacionamento especial.

Coloque-se como dócil ovelha aos cuidados do pastor Jesus, que tudo pode fazer para lhe proporcionar uma vida saudável e feliz.

Oração:

Senhor Deus, meu Pastor, quero ser ovelha do Seu rebanho.

Receber os cuidados de que preciso para ser feliz e viver bem.

Docemente me coloco no centro de Sua Vontade e

disponho-me a obedecer à Sua Palavra.

Sei que minha vida será outra a partir de agora.

Obrigado(a) Deus por Jesus, o bom Pastor.

Amém.

2 | "... nada me faltará".

Provisão

Uma das principais preocupações do ser humano é a sua sobrevivência e a dos seus entes queridos.

Muitas pessoas temem por seus empregos diante de situações adversas: crise econômica, doença, idade avançada ou concorrência.

Cada dia representa uma "batalha" pelo alimento, vestuário, moradia, etc.

Essas questões já atormentavam os homens desde os tempos antigos e isso não mudou, até os dias de hoje ainda é assim.

Como vencer a preocupação, ansiedade e o temor de não conseguir corresponder a uma expectativa cada vez maior?

Davi encontrou a resposta: pela fé no Senhor Deus.

Ele, e tão somente Ele, é poderoso para suprir todas as necessidades.

Mas é importante separar necessidades de futilidades. O Senhor sabe bem do que precisamos.

As verdadeiras necessidades são poucas, a maioria do que pensamos ser necessidades que nos fariam felizes são acessórios dispensáveis.

Lembre-se: feliz não é o que mais tem, mas o que menos precisa.

O nosso Deus sabe bem quando, como e onde suprir cada necessidade do seu povo.

Não basta crer, tem de confiar!

Deus alimentou e protegeu uma multidão no deserto: fez descer pão do céu e brotar água da rocha. Ele é o mesmo, ontem, hoje e eternamente, poderoso para suprir você.

Oração:

Senhor Deus, eu agradeço por minha vida.
Sei que tem cuidado de mim e dos que eu amo.
Entrego em Suas mãos as minhas necessidades,
pois sei que vai supri-las, segundo a Sua Vontade.
A partir de hoje estarei em paz, porque sei
que, como o salmista, poderei orar "Nada me faltará"
porque tenho ao meu Senhor.

Amém.

3 | "Deitar-me faz em verdes pastos..."

23:2 primeira parte

Descanso

Ouço algumas pessoas dizerem que o dia devia ter mais de vinte e quatro horas para realizarem tudo que precisam.

Vejo outras correndo de um lado para outro, preocupadas, ansiosas, impacientes e nervosas diante de tantos compromissos e tão pouco tempo.

O dia termina e fica uma sensação de frustração diante de tanta coisa que ficou por terminar.

Com a avalanche de informações e com a urgência de obter resultados, contemplo alguns casos de amigos terem uma "parada" repentina provocada por diversos acontecimentos: um infarto, colapso nervoso, estafa ou depressão.

Não somos invulneráveis e nem eternos, precisamos tomar conhecimento de nossas limitações e respeitá-las. Afinal, queremos viver.

Mas como não se deixar levar por esse ritmo alucinado?

Seguindo o conselho do salmista e permitindo que Deus o leve a verdes pastos.

Quando a serenidade toma conta do nosso coração e da mente, podemos sentir e raciocinar melhor.

A qualidade do que fazemos nem sempre está ligada à quantidade do que realizamos.

É importante lembrar que no momento de grandes e importantes realizações, o sucesso depende de preparo, segurança e muita serenidade.

O descanso na verdade é uma importante pausa para "recarregar" as baterias ou, como diz o lenhador, "afiar o machado" para continuar o trabalho.

O descanso também é o momento de refletir sobre importantes decisões, corrigir o rumo, definir estratégias e prioridades, avaliar resultados alcançados até o momento.

Porém, a finalidade do descanso que mais agrada a Deus é a oportunidade de oferecer alegria, prazer e bem-estar aos Seus.

O descanso é o momento de comunhão do homem com Deus.

É a pausa para contemplar tudo que foi criado para nossa felicidade e desfrutar desse privilégio.

Deixe-se levar pela mão do bom Pastor e descanse em verdes pastos.

Oração:
Senhor, meu Deus e Pastor, quero deitar-me em
pastos verdejantes e descansar meus corpo e alma.
Cubra-me com Sua paz e enche meu coração com a Sua alegria.
Quero desfrutar plenamente cada momento hoje e sempre.
Obrigado(a) Amém.

4 | "... guia-me mansamente a águas tranquilas".

23:2 segunda parte

Purificação

Uma das visões que tenho, quando imagino o rebanho junto às águas, é a da purificação. As ovelhas possuem uma grossa camada de lã que, costumeiramente, fica suja, empoeirada ou com lama, dependendo do terreno ou das condições climáticas, quando não estão também com insetos ou carrapichos escondidos. A sujeira pode estar visível ou não, mas incomoda e prejudica a ovelha; afinal, pode afetar não apenas o bem-estar como também a saúde do animal.

Nossa história é semelhante: os pecados praticados se acumulam em nossa vida, sujando e comprometendo a qualidade da nossa fé e a autoridade moral e espiritual do corpo, alma e espírito, causando danos diversos. Muitas enfermidades são causadas por problemas relacionados ao pecado. Algumas são resultantes de práticas condenáveis, outras são de cunho psicossomático, que consomem a paz de espírito e o equilíbrio emocional.

O Bom Pastor quer lavar-nos com a "água da Palavra", imergindo nosso corpo e coração na purificação, vinda do poder do Seu sangue, derramado na cruz do calvário. Não importa a natureza ou tamanho do pecado: todos eles comprometem. Não existe pecado pequeno demais que não condene ou grande demais que não tenha perdão. A palavra diz: "Se confessarmos os nossos pecados, Ele é fiel e justo para nos perdoar os pecados e nos purificar de toda a injustiça" (I João 1:9).

Confessar significa admitir o pensamento, a palavra ou o ato pecaminoso, assumir a responsabilidade sobre ele, reconhecer o dano causado a si mesmo ou a outrem e a pronta disposição de abandonar tal prática. O Bom Pastor tem poder para limpar e purificar, de forma total e definitiva, esse pecado. O alívio proveniente dessa limpeza é tão reparador que transforma a nossa vida.

Uma ovelha lavada e purificada sente-se mais limpa, leve, saudável e feliz! Assim como a lã da ovelha se torna branca, leve, cheirosa e limpa, nossa vida será pura, santa e cristalina, com o bom cheiro de Cristo. A água refresca, alimenta, limpa, purifica e dá a paz. Que possamos mergulhar nas águas tranquilas que o Bom Pastor nos oferece hoje e sair restaurados, renovados, salvos e limpos para a jornada de nossa vida, rumo à eternidade.

Oração:
Senhor, meu Bom Pastor, leve-me para as águas purificadoras.
Lave-me, limpe-me e purifique-me,
segundo Seu grande amor e misericórdia.
Quero viver uma vida santa, pura e saudável,
segundo a Sua Palavra. Que meu corpo, alma e espírito
sejam lavados e purificados pelo sangue do calvário,
e que, de agora em diante, eu viva para a Sua glória, amém.

5 | "Refrigera a minha alma..."

Cura Interior

Durante nossa vida encaramos alguns sofrimentos, porém, em alguns casos, certos traumas vividos na infância ou adolescência nos perseguem como implacáveis carrascos, promovendo dor, rancor e angústia.

Lembranças que seguem destruindo nossa autoestima, segurança e paz de espírito.

Doendo como feridas na alma, provocando revolta, por vezes, um desespero que sufoca a alegria e a esperança.

Tais problemas se revelam como doenças, fobias, desajustes de comportamento e tantas outras manifestações e precisam de uma transformação, uma cura completa e permanente.

O que dói em você? Aquela recordação que abala, machuca e tira a sua felicidade?

Entregue ao Senhor o seu coração e a sua memória.

Deixe que Ele lave o seu ser com a água viva da Palavra que limpa, purifica e refrigera a alma.

Ele apaga as transgressões, sara as feridas, concede uma nova vida.

Eis que Ele faz tudo novo: sem marcas, sem vícios, sem trauma ou dor.

Refrigério para a alma, somente o Senhor Jesus, o Bom Pastor pode proporcionar para você hoje e sempre.

Oração:
Senhor Deus, abro o meu coração e minha alma
para o Espírito Santo entrar.
Peço em nome de Jesus, sare o meu ser,
apague definitivamente meus traumas e refrigere
minha alma, dando a alegria de uma nova vida.
Amém.

6 | "... guia-me pelas veredas da justiça..."

Direção

O que se discute hoje nas empresas sobre ética sempre permeou os discursos de sábios e líderes em todos os tempos.

A corrupção representa uma grande mal que contamina as relações de negócios e prejudica o desenvolvimento de qualquer sociedade.

As pessoas não confiam nas instituições e temem pelo futuro das gerações seguintes.

Como educar os filhos hoje, ensinando valores que moldarão o caráter e dirigirão as ações?

Qual o comportamento que devemos assumir diante de organizações ou pessoas com as quais negociamos que insistem em se conduzir de forma a "tirar vantagem" da posição?

Enfrentamos diariamente situações que representam verdadeiros testes de honestidade, honra, senso de justiça e de coragem.

Precisamos resistir à tentação de obter sucesso de forma duvidosa.

A princípio pode parecer fácil e vantajoso, porém é uma armadilha que nos aprisiona em práticas condenáveis aos olhos de Deus.

Quando pedimos a direção de Deus, temos a convicção de que seremos guiados pelo caminho certo, tomaremos a decisão correta e agiremos de forma justa.

Consequentemente, estaremos debaixo da forte mão de Deus e a justiça será nossa guardiã, toda e qualquer ação que se levante contra nós não prevalecerá.

Para prevalecer nesta sociedade tão corrompida, mantendo-se firme e justo, só sendo guiado pelo Bom Pastor.

Oração:
Senhor Deus, em nome de Jesus,
venho pedir a direção para a minha vida.
Bom Pastor, guia-me pelas veredas da justiça,
concede-me sabedoria para falar,
prudência para tomar decisões
e determinação para resistir às tentações de praticar
qualquer ato que desagrade a Deus, envergonhe a mim
e à minha família e venha a denegrir minha vida.
Livra-me de praticar injustiças e guarda-me
de ser injustiçado.
Amém.

7 | "... por amor do Seu nome".

23:3 terceira parte

Propósito

Mais do que realizações, o que dá sentido à vida é o propósito dessas realizações.

Acreditamos firmemente que nossa vida não é apenas uma sequência de dias rumo à morte.

Nascemos com talentos e habilidades, temos personalidades distintas e trilhamos diversos caminhos.

Somos únicos, diferentes, expressão máxima da Criação de Deus.

O que transforma as nossas vidas em uma história digna de ser contada é quando entendemos que tudo que realizamos é para a Glória de Deus e não apenas para nossa satisfação pessoal.

Cada ato se reveste da devida importância quando deixamos de pensar apenas no eu e buscamos fazer a diferença no coletivo, ou seja, na família, escola, trabalho e na sociedade.

Deixamos de lado posições egoístas e mesquinhas, derrubamos a má vontade, a corrupção e a injustiça, quando procuramos fazer a vontade de Deus.

E se, cada ação que realizamos, o fazemos por Amor a Deus, estabelecemos na terra o desejo de Jesus de trazer o "Reino dos Céus" para o meio de todos nós.

Está mais do que na hora de cada pensamento, palavra e ação serem guiados pelo Espírito Santo e realizarmos cada obra para cumprir a palavra do salmista "Por Amor do Seu Nome".

Oração:
Senhor Deus, orienta-me em cada passo
para que eu faça a Sua Vontade.
Que eu seja o servo fiel e dedicado que realiza obras,
das quais o meu Senhor sinta orgulho.
Cada ato meu seja uma declaração
de Amor ao Senhor e Salvador.
Abençoa o meu propósito e honre a minha fé.
Desde agora e para sempre, amém.

8 | "Ainda que eu andasse pelo vale da sombra da morte..."

23:4 primeira parte

Provação

Muitas pessoas desconhecem ou não querem reconhecer o lado positivo da provação.

Não quero dizer que acho louvável sofrer ou ser tentado, desejo destacar a forma como devemos reagir a esses acontecimentos.

Costumo dizer que Deus não nos livra do perigo, mas nos livra no perigo.

Catástrofes, infelicidades, crises, violência, desastres, perdas, injustiças e doenças são consequências de um mundo desequilibrado física, social e espiritualmente.

Não estamos a salvo de sermos atingidos. A diferença estabelecida entre uma pessoa que crê em Deus e a que não crê é a maneira de se conduzir.

Revolta, murmuração, medo, atitudes agressivas ou desesperadas são características de pessoas que não estão preparadas para enfrentar e superar adversidades.

A provação tem entre suas finalidades mostrar a nós mesmos como somos, pensamos e agimos.

Ela é um instrumento de "forja" para amadurecer, fortalecer e promover paciência e experiência.

Devemos crer que Deus nos prova para nos aprovar.

Quando crianças, passávamos pelos testes escolares para provar que havíamos aprendido a lição e assimilado o conteúdo.

As provações são testes para a nossa fé, compreensão da Palavra de Deus, nossa capacidade de resistência, superação e tolerância.

Desejamos vitórias, mas sem lutas elas não são possíveis.

Queremos reconhecimento, mas precisamos demonstrar capacidade e talento.

Só há mérito quando as realizações são feitas de forma digna.

Almejamos a coroa da glória?

Lutemos bravamente as batalhas e enfrentemos corajosamente as tribulações.

Que o Senhor abençoe o trajeto e confirme a disposição do nosso coração durante a caminhada rumo ao Reino dos Céus.

Oração:

Senhor, a caminhada é difícil e dolorosa,
as pedras são muitas e os perigos iminentes.
Existe temor em meu coração, mas quero ter fé, Senhor.
Creio que esta provação será para mim o teste
que me aprovará aos Seus Olhos.
Dá-me forças, coragem, ânimo e paciência.
Que o Espírito Santo caminhe ao meu lado e me console.

Amém.

9 | "... não temeria mal algum..."

Proteção

Existem dois tipos de temores: o real e o imaginário.

O temor real é o instinto natural de sobrevivência entrando em ação diante da ameaça à vida, seja a sua ou de seus entes queridos: um assalto, catástrofe, acidente ou qualquer outro perigo.

Certas situações representam para nós a expressão máxima de nossos pesadelos.

Claro que devemos ter medo, é natural, mas ele pode e deve ser controlado para que não se transforme em pânico ou terror.

Você pode dizer: - Para você é fácil! Experimente viver situações de perigo real e imediato.

Quero partilhar com vocês que já vivi diversas situações nas quais, somente pela fé para não desmoronar, a saída mais louvável foi confiar no Senhor Deus.

Uma delas ocorreu na companhia de minha família: meu esposo, eu e nossos dois filhos ficamos, certa vez, ilhados no andar superior de casa, acompanhando as águas de uma terrível enchente subir lentamente.

Imagine ficar sem água potável, energia elétrica e alimento.

Chovendo copiosamente e na escuridão, você ouvir os gritos e choro das pessoas, o ruído dos animais tentando escapar das águas. Sabe o que fizemos?

Oramos!

Uma paz sobrenatural invadiu nossos corações quando confiamos nossas vidas a Deus.

Foi esta fé que sustentou nossa família unida até passar a tragédia.

Foi uma situação de risco real e o medo era real.

Já o temor imaginário impede a mente de pensar claramente sobre a situação e avaliar o risco e os prejuízos de forma concreta.

Medo de perder, sofrer, ser injustiçado, prejudicado ou traído.

Mais uma vez, a confiança em Deus é a melhor maneira de lidar com esses temores. Afinal, não sabemos a real extensão ou até a real existência de fundamento para eles existirem em sua vida.

Não devemos temer nem a morte, até porque Jesus já a venceu e garantiu que ela não reinará sobre nós, pois, quando Ele voltar, ressuscitaremos.

Entreguemos, então, todos os nossos temores nas mãos do Senhor e em troca vamos receber Dele a promessa de "Não temas, pois Eu Sou contigo".

Oração:
Senhor, em Suas mãos entrego meu coração e minha mente.
Retira de mim todo o medo e coloque a fé
e a confiança nas Suas promessas.
Que eu viva sem sobressaltos e tremores, e aprenda que,
a cada dia, o Senhor me livra de todo o mal. Amém.

10 | "... porque Tu estás comigo..."

Fidelidade

O que faz alguém nos amar tanto a ponto de se sacrificar?

Mesmo não dando importância, ignorando a Sua presença na maioria das vezes, Jesus insiste em querer salvar cada um de nós.

Em alguns casos chegamos a trair Deus, abandonando Sua presença e desobedecendo deliberadamente a Seus mandamentos, mesmo assim Ele ainda nos ama e segue perdoando.

Jesus permanece ao nosso lado em todas as ocasiões, assim como esteve com todos que creram Nele.

Livrou Isaac do sacrifício, esteve com Josué diante das muralhas, fechou a boca dos leões na cova com Daniel, caminhou ao lado dos amigos de Daniel dentro da fornalha ardente.

Ele está constantemente ao nosso redor, mesmo quando não O reconhecemos, como foi com os dois discípulos no caminho de Emaús.

O importante é saber que Ele é fiel e prometeu estar conosco "todos os dias até a consumação dos séculos" e essa companhia faz toda a diferença.

Mesmo quando acharmos que todas as pessoas com quem contávamos nos abandonaram, lembre-se: Jesus jamais vai nos abandonar.

Ele está conosco em situações de alegria ou de tristeza, de celebração ou de luto, de tempestade ou de bonança, de fartura ou de necessidade, no meio da multidão ou na solidão.

Seja na paz ou na guerra, no céu, no mar ou na terra, Jesus sempre estará ao nosso alcance. Estenda a mão e segure bem firme a mão do Bom Pastor.

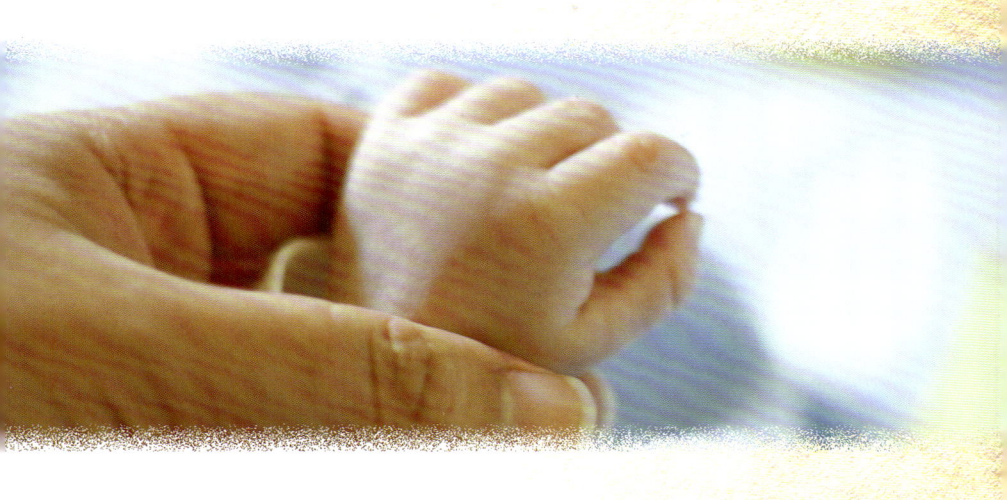

Oração:
Senhor, sou grato, pois sei que Jesus está comigo
aonde quer que eu vá.
Onde estiver, sei que Sua Mão estará estendida
para abençoar, amparar e proteger.
Quero ser fiel ao meu Deus, como Ele é fiel a mim,
por isso, Senhor, envia o Espírito Santo
para morar em meu coração e instruir a minha vida
para servir e seguir ao meu Senhor até o fim.
Amém.

11 | "... a Tua vara e Teu cajado me consolam".

Disciplina

Temos a tendência de sermos indolentes e condescendentes com nossos erros.

Avaliamos com rigor as falhas alheias e não perdemos muito tempo, logo criticamos e reclamamos de qualquer coisa que julgamos não estar certa.

Dificilmente refreamos nossa língua, falamos sem pensar, movidos por emoções que impedem um melhor raciocínio sobre as questões.

O assunto é ainda mais sério quando se trata de situações que acreditamos foram permitidas por Deus.

A ovelha é um animal dócil na maior parte do tempo, porém, em alguns casos, ela é imprudente ou teimosa.

Por sua visão limitada, ela só enxerga o que está diante dela, sendo presa fácil para um lobo ou vítima certa de acidentes. O pastor precisa visualizar todo o campo onde sua ovelha irá pastar para eliminar riscos e perigos. Eliminar espinhos, evitar buracos ou lugares irregulares. Ficar em um campo aberto onde qualquer animal que se aproximar de suas ovelhas será logo avistado.

A ovelha desconhece todos esses cuidados, assim como nós desconhecemos todas as providências que Deus toma para resguardar os seus.

Em outro caso, uma ovelha teimosa quer seguir por um caminho onde a vegetação parece mais gostosa, mas é perigoso. Então, o Bom Pastor precisa exercer certa autoridade e tocar a ovelha com a vara para que ela retorne para o caminho seguro.

Antes de reclamar sobre um negócio perdido, um emprego que não deu certo, uma viagem adiada ou de uma pessoa que atravessou o seu caminho e conseguiu algo que você almejava, pense duas vezes.

Pergunte ao Bom Pastor: – Foi o cajado ou a vara?

Das duas uma, ou foi livramento ou correção. Lembre-se de que o Bom Pastor não dorme e nem pisca, está permanentemente ao seu redor e certas situações, no final, provarão que foi para o seu bem.

Reveja seus conceitos, relembre seus passos e consulte o seu coração com base na Palavra de Deus.

Deus é Pai e todo bom pai deve zelar por seus filhos, seja para orientar ou disciplinar.

Aceite, agradeça e siga em frente. O Senhor se agradará de sua atitude e verá que você está madurecendo na fé e compreendendo como Ele age.

Oração:

Senhor, sou ovelha do seu rebanho, se fui rebelde, perdoa-me, se fui imprudente, orienta-me a ser mais sábio e obediente. Ensina-me a reconhecer as oportunidades, fugir do perigo e da tentação. Corrija meu temperamento e consola meu coração e abençoe a minha vida. Amém.

12 | "Preparas uma mesa perante mim na presença dos meus inimigos..."

Esperança

Nem todos acreditam e respeitam a Deus como nós.

Alguns até debocham da nossa fé e demonstram verdadeira antipatia quando falamos da Palavra de Deus.

Existem pessoas que se opõem abertamente e provocam reações para ter uma maneira de criticar nossas atitudes, expondo nossas falhas, fraquezas e fracassos de forma até cruel.

Sim, são os adversários, não apenas nossos, mas do Deus que cremos e pregamos.

Buscam desmoralizar nossa conduta e comprometer nossa reputação.

Devemos manter uma postura de serenidade, seriedade e prudência ao tratar com essas pessoas.

Em diferentes momentos, seja durante uma dificuldade ou mesmo provação, não faltarão pessoas para criticar ou desafiar-nos a murmurar contra Deus. Então, tenhamos muita paciência e usemos de misericórdia, pois tais atitudes serão testemunhos poderosos dos cristãos que somos.

Creiamos que Deus cuida dos seus todo o tempo e na hora devida exaltará e dará a vitória.

O Senhor tem prazer quando contempla um servo Dele ganhando almas em meio à tribulação ou situações adversas.

Ele supre as necessidades e levanta os seus escolhidos para testemunhar com fé.

Ele prepara as circunstâncias e provê o recurso necessário para que todos vejam, principalmente os adversários.

Tenhamos firme esperança de que no momento certo o Senhor nos exaltará e todos verão.

Oração:
Senhor Deus, estou cercado de pessoas
que não creem na Sua Palavra.
Elas desobedecem e desrespeitam a Jesus,
Seu Filho, e zombam do Espírito Santo.
Dá-me sabedoria e prudência para me conduzir
no meio desta gente e autoridade para testemunhar.
Livra-me, consola-me e exalta-me para que todos
vejam a recompensa dos que são fiéis ao Senhor Deus.
Amém.

13 | "... unges a minha cabeça com óleo..."

23:5 segunda parte

Consagração

Quando o sacerdote ungia alguém com óleo era um ato solene e muito especial, era a demonstração de que Deus havia escolhido aquela pessoa e a consagrava.

Separado, abençoado, santificado e sagrado, aos olhos de Deus e dos homens, esses são os atributos que revestem nossa vida quando nos tornamos cristãos renascidos em Cristo.

O pedido de Davi implicava aceitar a grandiosidade e a responsabilidade que vêm com este ato.

Ser separado para Deus compromete de forma definitiva a sua forma de pensar, falar e agir, pois tudo deve ser feito para a glória do Senhor.

Ser santificado para Deus reflete todo um comportamento irrepreensível, responsável e constante, sabendo que será uma vitrina onde as pessoas enxergam e analisam todo o tempo o testemunho diário.

Consagrado para Deus significa também se tornar a "menina dos olhos de Deus" e se alguém se levantar contra um ungido do Senhor saberá que estará lutando contra o próprio Deus e arcará com as consequências.

Lembre-se de que: Deus tem zelo por tudo que é Dele. Quando os vasos sagrados do templo foram usados no banquete do rei Belsazar, como está registrado em Daniel, capítulo 5, veja o que Deus fez com ele: foi o último banquete da vida deste rei, bem como foi o fim do seu reino.

E a causa de tudo foi a forma indevida como o rei utilizou os objetos consagrados a Deus. Imagine então as pessoas que são consagradas!

Tema ao Senhor porque é o princípio da sabedoria e respeite aquele a quem Ele consagrou.

Saiba também que se for consagrado, vigie e honre esse privilégio.

Oração:
Senhor Deus, quero ser ungido pelo Bom Pastor
e consagrado para Seu louvor.
Que o óleo do Espírito Santo se derrame
em minha vida e me faça transbordar de Sua Graça.
Quero viver uma vida separada e santificada
que seja agradável aos Seus olhos.
Ajuda-me e fortalece o meu propósito.
Amém.

14 | "... o meu cálice transborda".

23:5 terceira parte

Abundância

Nesta passagem o salmista declara a sua certeza de que o Deus a quem ele serve, o Senhor dos Exércitos, é generoso e concede muito além do que pensamos ou imaginamos.

Quando falamos de fartura, ela se manifesta como sinal da bênção de Deus em nossas vidas.

Muitas pessoas atribuem à situação financeira a responsabilidade por sua felicidade e bem-estar, sendo essa forma de pensar um perigoso engano.

O sucesso é a consequência de um conjunto de fatores: saúde, sabedoria, serenidade, preparo, oportunidade e trabalho.

Pense, então, comigo: quem lhe dá Saúde? Sabedoria? Serenidade? Talento? Cria a oportunidade e condições para o trabalho?

Pare de pensar somente no Eu e comece a creditar o devido louvor a quem lhe dá tudo isso: Deus.

Um servo do Senhor será sempre destaque, quando resolve testemunhar o seu sucesso para a Glória de Deus.

Mesmo em situações adversas ou má vontade alheia, quando Deus resolve exaltar um dos seus, a vitória é certa. O exemplo de Jacó com seu sogro Labão é bem claro: duas vezes Labão mudou a forma de pagar os serviços de Jacó e, mesmo assim, Jacó enriquecia, pois o Senhor era com ele.

Caso você enfrente dificuldades, precisa se lembrar das promessas de Deus e fazer a sua parte.

Sim, fazer a sua parte: seja dizimista!

A única passagem na Bíblia em que Deus permite que você faça prova dele está em Malaquias 3: 10, quando você entregar com alegria e fidelidade seus dízimos.

Peça ao Senhor que o abençoe cada vez mais para que haja mantimento na casa de Deus e não pare a pregação do evangelho. Esse é um forte motivo para que você cresça financeiramente, servir de exemplo e motivar outros a serem fiéis.

Quer que seu cálice transborde? Creia na Palavra, obedeça aos mandamentos do Senhor e dizime fielmente na Casa de Deus.

Todos poderão ver e saberão que o Senhor é o dono do ouro e da prata e o dá a quem Ele julga merecer.

Oração:
Senhor, quero que meu cálice transborde,
desejo a abundância que Sua palavra promete.
Para isso, meu Senhor, serei fiel nos dízimos e ofertas,
darei de coração e com alegria. Sei que dessa forma testemunharei
Suas bênçãos em minha vida e da Sua mão em meus negócios.
Confirme o meu propósito e abençoe as obras de minhas mãos.
Amém.

15 | "Certamente que a bondade e a misericórdia do Senhor me seguirão todos os dias da minha vida..."

23:6 primeira parte

Bênção

Existe vida melhor do que a do servo de Deus?

Saber que possui um Pai amoroso, cuja misericórdia se renova a cada manhã e com ela a disposição de perdoar nossas falhas e dar oportunidade de recomeçar?

Ter comunhão com o Espírito Santo que caminha ao nosso lado, consola, defende e nos capacita espiritualmente para a vida diária?

Ser em Jesus um cristão salvo e renascido, cujos pecados são esquecidos e todas as enfermidades saradas e a morte vencida?

Receber instruções, promessas e conforto através da Palavra de Deus permanentemente à disposição?

Reunir-se com homens e mulheres que, como você e eu, creem e louvam este Deus maravilhoso, oram uns pelos outros e partilham testemunhos para aumentar a fé de todos?

Mas, o principal ainda é o privilégio de uma comunhão sobrenatural e inesquecível com o Senhor que o abençoa em qualquer lugar, exaltando seu nome, prosperando o trabalho de suas mãos e lhe dando como herança a vida eterna.

Oração:
Senhor Deus, como é maravilhoso
ser salvo em Cristo Jesus.
Ter toda sorte de bênçãos, cura, perdão e a vida eterna.
Continue abençoando-me, exalta meu nome
e confirme as obras de minhas mãos.
Testemunharei Seu Amor e Fidelidade, meu Senhor.
Amém.

16 | "... e habitarei na Casa do Senhor..."

23:6 segunda parte

Segurança

Qual é o lugar mais seguro para o cristão?

Sob a proteção do Todo-Poderoso, debaixo das asas do Senhor, à sombra do Altíssimo e Onipotente Deus.

Não haverá choro, desespero ou temor para todo o servo que habita na casa do Senhor.

Nem a peste ou morte existirão na Eterna Morada.

Esta é mais do que um promessa, é uma certeza. As portas da Casa de Deus estão abertas de par a par para receber seu povo.

Muitas temem a morte, pois não sabem se haverá algo mais além. Outros temem um possível castigo ou então um lugar de escuridão e tormento.

Davi possuía uma convicção que o alegrava e consolava todos os dias de sua vida: enquanto estivesse aqui na terra, o Senhor seria o Seu Eterno Companheiro e hóspede (habitando o coração do salmista), porém, quando chegasse a hora final, Deus seria o seu Senhor e hospedeiro.

É inimaginável a glória, a beleza, a paz e a alegria de viver na presença de Deus e em sua morada!

Hoje, pela fé antecipamos esse gozo, mas um dia O veremos como Ele é, falaremos face a face com Deus e viveremos em Sua Presença, para sempre! Aleluia!

Oração:
Senhor Deus, fortaleça a minha fé para que alcance
o privilégio de habitar em Sua Casa.
Quero sentir a mesma alegria de Davi
e viver cada dia com esta firme esperança.
Amém.

17 | "... por longos dias".

23:6 terceira parte

Eternidade

O que é eternidade? Um conceito tão amplo e abstrato para a compreensão de seres finitos como nós.

Utilizamos a palavra eternidade tentando medir a dimensão ou a longevidade existencial de Deus.

Para sempre é muito tempo para seres que nascem, crescem, envelhecem e morrem.

Nosso secreto desejo é exatamente este: sermos eternos como Deus.

Buscamos de todas as formas prolongar a juventude, melhorar a qualidade de vida para alcançarmos mais anos com a mesma disposição e, se possível, não adoecer.

Com os avanços da Ciência, conseguimos algumas conquistas, mas estamos muito longe de conquistar a eternidade.

Embora os cientistas busquem, pesquisem e concentrem múltiplos esforços para criar alternativas para vencê-la, a morte ainda paira sobre a raça humana como o final inexorável do qual ninguém escapa.

Alguns homens, Walt Disney está entre eles, recorreram à Criogenia para preservar o corpo, na esperança de uma possível segunda oportunidade de vida.

Atualmente as esperanças estão depositadas na Nanotecnologia, que utiliza máquinas microscópicas para manipular átomos. Espera-se que os danos celulares causados pelo processo de congelamento ou envelhecimento possam ser reparados.

É o homem querendo ser Deus, esquecendo que Ser Humano não

é só corpo, mas também alma e espírito. E o espírito não está acessível ao homem.

Então a afirmação do salmista poderá se cumprir um dia?

Pela Palavra de Deus, sim! Não será com o avanço científico, uma nova raça humana ou recursos artificiais, será uma transformação de nossa natureza carnal e perecível em uma natureza renascida, semelhante a de Deus. E quando isto, que é corruptível, se revestir da incorruptibilidade e isto que é mortal se revestir da imortalidade, então cumprir-se-á a palavra que está escrita: "Tragada foi a morte na vitória" I Cor. 15:54.

Estaremos com o Senhor e seremos eternos!

Oração:
Obrigado(a) Senhor por esta maravilhosa
revelação e bendita promessa.
Dá-me fé para continuar minha caminhada
até o grande dia em que serei transformado e estarei
em Sua Presença. Amém.